DU CRÉDIT

ET DE

LA CIRCULATION DES VALEURS

MOYEN IMMÉDIAT

D'EN ASSURER LE RÉTABLISSEMENT

BON A SERVIR

Aux Républiques comme aux Monarchies.

LYON

CHANOINE, IMPRIMEUR, PLACE DE LA CHARITÉ

1848

DU CRÉDIT

ET

DE LA CIRCULATION DES VALEURS

MOYEN IMMÉDIAT

D'ASSURER LE RÉTABLISSEMENT

BON A SERVIR

Aux Républiques comme aux Monarchies.

Il existe deux espèces de crédit : crédit public et crédit privé.

Le premier est à l'usage des gouvernements ; on peut le définir : emprunt par le présent sur l'avenir, moyennant une rente ou loyer, sans époque fixe de remboursement.

Le crédit public est d'invention moderne , et ce puissant levier, qui a servi à soulever le monde, est déjà trop chargé, il est prêt à fléchir ; son temps paraît devoir être passé, car les gouvernements ne peuvent trouver à contracter que des emprunts de plus en plus ruineux pour le pays.

Le crédit privé est à l'usage de la généralité des citoyens ; il peut se définir : échange à terme, moyennant un loyer, avec époque fixe de remboursement ; c'est-à-dire que celui qui livre immédiatement une valeur quelconque, peut, avec justice, exiger de recevoir à l'échéance du délai déterminé, non-seulement une valeur équivalente, mais encore un supplément pour le temps dont il s'est dessaisi de ce qui lui appartient.

Le crédit privé est sans limite; plus le pays peut augmenter sa population, plus il doit posséder de valeurs créées par le travail, plus les échanges doivent se multiplier et fournir des aliments à ce crédit.

La circulation des valeurs provient donc essentiellement du crédit privé, par la faculté que doivent conserver les propriétaires de la promesse d'un échange, de le réaliser à leur convenance auprès de tiers intervenants, et les nouveaux acquéreurs de cette promesse ayant la même faculté, la valeur primitive circule de main en main jusqu'à ce que l'échange soit résolu à l'époque fixée par la livraison de la contre-valeur, laquelle a été jusqu'à présent en espèces monétaires.

Dans toutes ces opérations, il ne doit rien se passer qui ne soit conforme à la stricte équité; celui qui a constitué la valeur d'échange par une livraison immédiate, contre un titre à terme, auquel le loyer a été ajouté, se dessaisit forcément de ce loyer, alors qu'il se sert du titre pour acquérir d'autres valeurs; il en est de même pour tous les porteurs successifs, jusqu'à l'époque qu'on nomme l'échéance, ou du moins jusqu'au moment qui en est très rapproché.

C'est ainsi qu'il a pu circuler, pour suppléer au numéraire, une série de valeurs dont la source repose sur un principe juste, et qui ont été représentées par le moyen de lettres de change, dont l'emploi est devenu si général, parce qu'elles sont la conséquence et la résolution d'opérations équitables.

La véritable lettre de change est positivement basée sur ces principes, car tout en stipulant une valeur fixe en espèces métalliques, comme elle ne doit avoir eu lieu que pour créer un échange à terme, celui qui l'a souscrite a reçu une valeur plus ou moins forte, suivant son échéance plus ou moins éloignée, et celui qui la négocie ne reçoit, à son tour, que dans la proportion du temps qui lui reste à courir.

Exemple : Vous ne livrerez pas autant de blé ou de toute autre denrée ou marchandises, contre une lettre de change payable à un an, que contre celle qui n'a que quelques jours à courir; réciproquement vous n'en recevrez pas autant.

Le principe du loyer de la valeur livrée de suite, contre la valeur à terme, reçoit donc ici son application immédiate ; ainsi l'usage et le bon sens indiquent la seule règle à suivre, à savoir : échange pour échange, valeur contre valeur.

On a trouvé le moyen d'abuser de la lettre de change, en ce sens qu'elle n'a souvent représenté qu'une valeur de circulation, sans ce qu'on appelle la provision, c'est-à-dire sans que la contre-valeur ait été préalablement fournie; le besoin toujours croissant de suppléer au manque de numéraire a fait qu'on s'est servi de ces valeurs idéales, qui ont été la principale cause des crises financières ; l'établissement des banques, par le système actuel, a facilité ces sortes d'opérations, et l'on a ainsi constitué, au préjudice du public, le monopole du capital avec le monopole du crédit.

D'après les démonstrations qui précèdent, on conclura que toute valeur de crédit ou de circulation, pour être de bon aloi, doit avoir les qualités de la véritable lettre de change, et par conséquent réunir les conditions suivantes :

1° Représenter une valeur équivalente à celle préalablement fournie ;

2° Représenter une valeur immédiate et non une valeur exigible seulement après un terme, ou du moins après un terme éloigné.

Avant de livrer au public les moyens que je propose, qui dérivent de mon système d'échanges, qu'on veuille bien me permettre de parler en peu de mots des bons hypothécaires qui paraissent être à l'ordre du jour; on pourra ensuite juger les moyens pièces en mains, et voir ceux qui peuvent le mieux réunir les conditions de justice et d'utilité générale.

Si l'Etat crée des bons hypothécaires, qui auront nécessairement cours forcé, et qui seront payables à un an, qu'en outre, il prélève une commission de trois pour cent avant de les remettre au propriétaire de l'immeuble frappé de leur inscription, et que ce citoyen en acquitte ses dettes en les mettant en circulation, il est évident: 1° que ces billets de crédit ne représenteront pas une valeur immédiate ; 2° que le Gouvernement aura prélevé d'avance le loyer du capital, et que c'est le public qui le perdra.

Il résulterait de ce fait qu'on voudrait forcer ceux qui recevraient ce papier en échange de leurs denrées ou marchandises, à en livrer pour une somme aussi forte à un an de terme qu'au comptant, c'est à quoi aucune puissance dans le monde ne pourra parvenir ; cette valeur sera donc certainement dépréciée.

Encore si le remboursement était effectif après cette année de terme, la perte pour le public se bornerait à celle du loyer de ladite année ; mais cette émission ne peut avoir lieu sans être renouvelée à l'infini, c'est-à-dire qu'avant l'échéance des premiers bons, on en émettra de nouveaux pour rembourser les anciens, et ainsi de suite, toujours avec un prélèvement par le Gouvernement de trois pour cent pour chaque année, ce qui constitue pour le public de nouvelles pertes du loyer du capital, tant et si bien qu'au bout de vingt-cinq ans, compris l'intérêt composé, le capital entier aura été absorbé par l'Etat, et qu'en prolongeant encore l'opération après ce délai, le Gouvernement prélèvera encore ses trois pour cent sur un titre qui n'aura plus de valeur, et toujours au préjudice des particuliers.

En d'autres termes, voici ce qui aurait lieu : l'Etat ne prêterait rien ou à peu près rien, puisqu'il donnerait du papier sur lequel il n'aurait fait d'autres déboursés que ceux de fabrication et de gravure, et cependant sur ce prêt idéal, il prélèverait un loyer, comme s'il avait prêté un capital positif.

La valeur de circulation irait toujours en s'amoindrissant, jusqu'à ce qu'une époque fixe indique un remboursement réel; alors elle reprendrait de sa valeur en proportion du temps qui lui resterait à courir. C'est-à-dire qu'il circulerait par le fait de l'Etat une valeur à laquelle on assignerait immédiatement celle de mille francs, mais qui ne les vaudrait que dans vingt ans, peut-être dans cinquante ans, peut-être jamais.

Un commerçant qui payerait ses dettes avec une promesse sans intérêts, payable seulement à dix ans, quoique avec un gage positif, ferait ce qu'on appelle une banqueroute; les actes des particuliers et ceux des états doivent être pesés à la même balance, et c'est la justice qui la tient !

Que si, comme d'autres le proposent, le Gouvernement ne prélève qu'un droit de un pour cent, et que la valeur de circulation porte avec elle l'accroissement du loyer du capital, à raison de trois pour cent environ, la perte du public sera moins forte, mais l'opération n'en sera pas plus juste, puisqu'elle sera toujours entachée d'un prélèvement, et je dis de plus qu'elle ne sera que d'une médiocre utilité.

Qu'on n'oublie pas que ces bons hypothécaires doivent représenter une valeur en monnaie courante, et que toute monnaie doit exprimer une somme ronde et fixe, autrement elle devient incommode dans la pratique, sujette à occasionner des erreurs et même des tromperies, car beaucoup de personnes ne sauront pas ce que vaudront ces valeurs en les prenant, ni ce qui leur reviendra en les cédant.

Ainsi, ne représentant pas une valeur fixe en monnaie, elles n'en peuvent remplir l'office, elles resteront entre les mains des capitalistes comme valeurs de portefeuille, et ne remplaçant que celles qu'ils possédaient déjà, elles n'auront produit que l'effet de les forcer à échanger un titre contre un autre.

Si l'emprunteur, pour une dette déjà contractée, trouve à gagner quelque chose à faire le remboursement, celui qui contractera après l'émission de ce papier n'y gagnera rien, attendu que les obligations se feront ainsi que l'Etat en a donné l'exemple, c'est-à-dire qu'on recevra un capital moins fort que celui dont on se reconnaîtra débiteur, et ce sera ajouter un mensonge de plus à tant d'autres qui existent déjà.

On ne pourra émettre, par ce système, que de grosses valeurs de 1,000 ou de 500 fr. pour les plus basses, qui ne pourront rendre des services de circulation, ni répondre aux besoins journaliers du peuple et du commerce moyen.

Que si l'on veut répondre aux vœux généralement exprimés de petites valeurs, la propriété, infractionnable par sa nature, ne pourra les fournir ; et si, pour y arriver, on veut forcer les conséquences de ce système, ce sera vraiment plaisant de la voir courir les rues en fractions infinitésimales.

Qui peut donc fournir une valeur échangeable et qui puisse réunir toutes les conditions désirables ? C'est encore l'Etat lui-même. Est-ce par le moyen du crédit public ? Non, par la raison que ce crédit ne constitue qu'une dette, qui ne peut assurément pas être le gage d'une valeur ; mais je démontrerai que l'Etat peut, sous le point de vue du crédit privé, fournir le billet de circulation de la manière la plus immédiate, la plus utile, la plus juste, la plus rationnelle et la plus divisible. Par quel moyen ? Par le moyen de l'impôt !

Les citoyens doivent l'impôt, qui s'élève maintenant en France à environ dix-sept cents millions ; malgré la pesanteur de cette charge, il n'est pas moins vrai qu'il faut payer, que la cote-part de chacun est déterminée d'avance, qu'il n'y a pas un centime à rabattre, et qu'il faut que les dix-sept cents millions rentrent successivement, et soient bel et bien alignés à la fin de chaque exercice.

Si l'Etat était commerçant, il est évident qu'il pourrait agir pour le recouvrement de ses fonds de la même manière qu'un négociant, c'est-à-dire fournir des lettres de change sur chacun de ses débiteurs ; qu'il pourrait avec cette valeur payer tous les services, toutes les fournitures, et qu'elle circulerait par des endossements successifs jusqu'à ce qu'elle soit présentée au débiteur et acquittée par lui ; c'est donc dix-sept cents millions de valeurs de circulation qui seraient créés, et qui, pouvant passer par huit ou dix mains et plus, serviraient autant de fois comme des espèces métalliques, en représentant ainsi une valeur de circulation qui ferait, dans l'espace d'un an, un office utile pour dix-sept milliards environ d'échanges.

Mais si l'Etat ne peut ou ne veut opérer ainsi, on parviendra au même but par un moyen encore plus facilement applicable.

Je propose qu'il crée chaque année, de manière à pouvoir les mettre en circulation au commencement de l'exercice, des bons pour une valeur équivalente à l'impôt, soit 1,700,000 francs.

Ces bons seront ainsi conçus :

Exercice de 1849.

BON POUR CINQ FRANCS,

Remboursables sur l'impôt de ladite année.

L'Agent délégué par l'Etat,   *Le Caissier du Trésor,*
Signature.   Signature.

Envoyé au département du Rhône.

Le Receveur général du département,
Signature.

S'ils sont envoyés au payeur du département, c'est lui qui les signera.

Il sera émis des bons de 5, 10, 25, 50, 100, 200, 500 fr.

Ils seront faits sur du papier dont le Gouvernement se réservera la fabrication, revêtus de timbres secs ; ils seront de sept grandeurs différentes, ornés d'attributs très-compliqués, extraits de registres à souches et numérotés; enfin, il sera pris de telles précautions, que la contrefaçon en serait matériellement impossible.

Je propose en outre, qu'il soit déposé dans chaque préfecture et sous-préfecture des modèles de nulle valeur, mais qui seraient revêtus de toutes les signatures qui auront concouru à ces billets.

On opérerait de la manière suivante :

Les billets étant signés par les délégués du Gouvernement, les émissions totales seraient envoyées sur leurs registres à souches au caissier du trésor, qui en serait débité. Le caissier garderait la somme indiquée par les besoins du service pour le département de la Seine. Il enverrait dans chaque chef-lieu de département, au receveur général et au payeur, les sommes connues pour les besoins de chacun, toujours attachées aux registres à souches, au débit de leurs comptes respectifs.

Les ministères fourniront des bons sur les dépositaires publics précédemment nommés; ces bons seront acquittés avec les billets de circulation remboursables sur l'impôt.

On voit que, sauf à prendre tels arrangements que la pratique indiquerait, il n'y aurait rien de changé dans le mode de comptabilité usité.

Voyons à présent comment ces valeurs fonctionneront. Le Gouvernement possède d'avance la valeur de l'impôt de l'année, il pourra payer immédiatement les semestres de l'intérêt de la dette, des pensions, des appointements, et toutes les fournitures à mesure qu'elles auront été effectuées; plus il paiera promptement, plus il rendra service au public en général.

Les citoyens qui auront été payés avec ces bons, paieront eux-mêmes avec cette même valeur, qui est devenue une monnaie ayant cours; s'ils en prélèvent une partie pour payer leurs impôts respectifs, ou s'ils mettent tout en circulation, cela est indifférent, le percepteur sera toujours là à l'échéance de chaque trimestre ou de chaque mois, pour leur rappeler qu'ils doivent s'acquitter de l'impôt, et il faudra toujours qu'ils acquièrent ce qu'il leur en faudra pour se libérer. Ces valeurs rentreront donc successivement dans les mains des percepteurs, des caissiers de l'enregistrement, des droits réunis, des douanes et autres dépositaires des deniers publics, lesquels seront tenus d'y apposer ces mots : (retiré de la circulation.) Ils devront toujours en avoir pour une somme équivalente aux recettes opérées. En raison de ce que les bons sont utiles au public et qu'il est indifférent au Gouvernement de les retirer un peu plus tard, il serait convenable d'accorder un délai pour le retrait du solde par le paiement de l'impôt.

Si les dépositaires des deniers publics n'ont pas reçu en paiement des bons de circulation, ils devront avoir reçu des espèces contre lesquelles l'échange de ces bons pourra se faire en monnaie à mesure de rentrée.

Après le 1ᵉʳ mars de l'exercice suivant, dont les bons seront déjà en circulation, ceux de l'exercice précédent seront de nulle valeur.

Mais attendu aussi que l'impôt doit être rentré avant ladite époque, les receveurs généraux auront en caisse une valeur monétaire équivalente à ce qui restera au public en billets de circulation, et ils devront les échanger contre des espèces avant le délai de rigueur.

Tous les bons de l'exercice expiré seront renvoyés à Paris et détruits publiquement.

Je n'ai pas besoin d'insister sur l'utilité et les conséquences de cette opération , je laisse à chacun le soin de les déduire lui-même.

Quant à l'équité de ces billets de crédit, j'en trouve la provision dans une valeur équivalente préalablement due, la représentation d'une valeur immédiate, telle que l'exigent les usages du commerce, dans les paiements de l'impôt exigible de mois en mois ou par trimestre ; en un mot, ces billets ne sont autre chose qu'une véritable lettre de change à courte échéance, réunissant au plus haut degré toutes les conditions de solidité et d'assurance de rentrée.

Mais la plus grande considération que j'aie à faire valoir en faveur de ce moyen de crédit, c'est qu'il constitue l'échange de la valeur de l'impôt contre une valeur équivalente en services, en denrées ou en fournitures dont l'Etat est le consommateur ; c'est qu'il est la résolution de l'un des problèmes que les économistes se sont proposés, à savoir : *le paiement de l'impôt en nature*; et cela devient évident, puisque la valeur qui doit servir à l'acquitter a été créée d'avance.

Lorsque l'illustre maréchal de Vauban s'aperçut de la triste position du peuple et des petits propriétaires, si souvent ruinés par la nécessité de convertir leurs denrées en argent pour payer l'impôt; et que présentant le tableau de tant de misères, il proposait le prélèvement en nature, il proposait un progrès qui lui était suggéré par la bonté de son cœur, mais il n'avait pu résoudre le problème que par des opérations dont l'application était vraiment hérissée de difficultés, c'est que l'économie politique était et est encore une science qui est demeurée à l'état de théorie, c'est que les principes qu'elle a proposés n'ont été aperçus qu'à travers un nuage, et qu'il est encore besoin qu'un homme pratique vienne résoudre ce qu'elle peut contenir d'applications utiles.

G. V.

En indiquant l'émission des billets de circulation à créer par l'impôt à dix-sept cents millions, c'est-à-dire à sa valeur totale, j'ai voulu surtout poser le principe de l'équité et de l'excellence de ce moyen ; mais rien n'empêche que l'émission soit expérimentée seulement pour un milliard.

Le public aura encore plus de certitude que cette valeur sera retirée dans l'année, et l'Etat ne pourra concevoir aucune appréhension de nuire à ses services à l'extérieur, puisqu'il percevra encore environ 700 millions en espèces.

Il pourrait même en résulter l'avantage de soutenir la valeur de circulation, puisqu'une partie des espèces, dont l'Etat n'aurait pas l'emploi, pourrait servir à en faire l'échange, quoique facultatif, contre les billets de crédit, ce qui les assimilerait aux billets de banque.

Cette expérimentation ne peut présenter aucun inconvénient, puisqu'on a l'assurance de la plus grande facilité pour le retrait de la valeur, et qu'elle ne laisse pas, comme les bons hypothécaires, l'incertitude d'une rentrée à une époque déterminée.